Katechismus für Soldaten

Anleitung zu
Unterhaltungsstunden

AF201044

herausgegeben von Jörg Titze

Beiträge zur sächsischen Militärgeschichte
zwischen 1793 und 1815

Heft 36

———

Zeitz, am 10^n Juni 1810

...

*3) Die so genannten Unterhaltungsstunden sind
von größtem Nutzen. Dies ist das beste Mittel zu
mehrerer Ausbildung der Mannschaft, die beste
Gelegenheit den Soldaten mit seinen Pflichten
bekannt zu machen und ihm Vertrauen zu seinen
Obern einzuflößen. Ein theoretischer Unterricht
über das Exerzieren, über den Garnison- und
Felddienst an die jüngeren Herrn Offiziers ist
aber gewiß von eben so großen Nutzen...*

*von Sahr
General Major*

———

Katechismus für Soldaten

Anleitung zu Unterhaltungsstunden

Die Deutsche Bibliothek verzeichnet diese Publikation in der Deutschen Nationalbibliographie; detaillierte bibliographische Daten sind im Internet über http://dnb.ddb.de abrufbar.

Die Deutsche Bibliothek – CIP – Einheitsaufnahme

Jörg Titze (Hrsg.) – Katechismus für Soldaten / Anleitung zu Unterhaltungsstunden

ISBN 978-3-7481-4472-4

© 2019 Jörg Titze

Herstellung und Verlag:

Books on Demand GmbH, Norderstedt

Einleitung

Der 1791 verstorbene Graf Bellegarde hatte bei der sächsischen Kavallerie die so genannten Unterhaltungsstunden eingeführt, um die militärische und sittliche Bildung sowie den äußeren Anstand der Unteroffiziere und Gemeinen zu heben.

Auch sollte dadurch das gegenseitige Zutrauen zwischen dem Offizier und dem gemeinen Mann befördert werden. So lernte der Offizier den Mann früher und vollständiger kennen als nur im sonstigen Dienst. Der gemeine Mann verlor die Scheu, sich dem Offizier - in welcher Angelegenheit auch immer - zu nähern.

Der hier enthaltene, im Jahre 1809 in Leipzig erschienene Katechismus gliedert sich in folgende Abschnitte:

Der wiedergegebene Katechismus stellt im Frage-Antwort-Wechsel die genannten Aspekte dar und gibt auch heute dem Interessierten eine ganze

Reihe von Definitionen und Erklärungen, die für das Verständnis militärischer Beschreibungen der damaligen Zeit von großem Nutzen sein können, da die darin enthaltenen Begriffe heute nicht mehr oder in einem anderen Sinne gebraucht werden und daher wenig oder nicht verständlich sind.

Es sei noch angemerkt, dass in den Unterhaltungs-stunden der sächsischen Armee nicht nur die hier enthaltenen Themen sondern u.a. auch die theoretischen Grundlagen des Exerzierens und der Waffenkunde behandelt wurden.

Neben den Unterhaltungsstunden gab es für ausgewählte Subjekte sowie für die Unteroffiziere Unterricht im Schreiben, Lesen, Rechnen, Geometrie und sächsischer Geografie. Der Grund für diesen Unterricht war, dass ein sächsischer Unteroffizier in der Lage sein musste, einen Befehl lesen, einen Bericht verfassen, einen Plan aufnehmen und Abrechnungen für unter seinem Befehl stehende Kommandos erstellen zu können. Das Verhalten in diesem Unterricht und der – auch bei den Hausaufgaben – gezeigte Fleiß hatte einen direkten Einfluss auf anstehende Beförderungen.

Möge also dieses kleine Büchlein die militärische und sittliche Bildung sowie den äußeren Anstand der Offiziere, Unteroffiziere und Gemeinen der sächsischen Truppen im Reenactment heben.

Ihr

Jörg Titze

I

Bestimmung und Eigenschaften des Soldaten

F.   Welches ist die Bestimmung des Soldaten?

A.   Das Land, dem er dient, gegen auswärtige Feinde zu verteidigen, auch die Ruhe und Ordnung im Innern des Landes zu sichern.

F.   Warum heißt er Soldat?

A.   Weil er vom Staate besoldet wird.

F.   Was ist also ein Soldat?

A.   Ein Mann, der zur Verteidigung des Vaterlandes und zur Erhaltung der Ordnung und Ruhe im Innern desselben vom Staate gehalten und besoldet wird.

F.   Wenn ein Diener seinen Herrn nicht verlässt und dessen Bestes nach allen seinen Kräften zu befördern sucht: wie sagt man da, dass derselbe seinem Herrn diene?

A.   Treu.

F.   Welches wird nun wohl die erste Eigenschaft des Soldaten sein?

A.   Die Treue.

F.   Worin besteht insonderheit die Treue des Soldaten?

A.   In der beständigen und festen Anhänglichkeit an den Fürsten und das Land, dem er dient und in dem eifrigen Bestreben, dessen Bestes nach allen seinen Kräften zu befördern.

F.   Wie müssen die Befehle, welche der Fürst eines Landes an seine Soldaten ergehen lässt, ausgeführt werden?

A.   Pünktlich und schnell.

F.   Wie nennt man diese genaue Befolgung der Befehle eines Höheren?

A.   Gehorsam.

F.   Der Fürst kann diese Befehle allen seinen Soldaten nicht immer unmittelbar geben, sondern lässt sie durch gewisse Vorgesetzte an dieselben ergehen. Wem ist also der Soldat Gehorsam schuldig?

A.   Allen seinen Vorgesetzten.

F.   Welches sind die Vorgesetzten des Soldaten?

A.   Alle Generäle, Stabsoffiziere, Kapitäne, Offiziere und Unteroffiziere.

F.   Wie nennt man denjenigen Soldaten, der im Kampfe mit dem Feinde, jede Gefahr verachtend, nur an den zweckmäßigen Gebrauch seiner Waffen und an die Erfüllung seiner Schuldigkeit denkt?

A.   Tapfer.

F.   Welches sind also die drei vorzüglichsten Eigenschaften des Soldaten?

A.   Die Treue, der Gehorsam und die Tapferkeit.

F.   Um die Soldaten leichter zu Beobachtung ihrer Schuldigkeit anhalten, sie im Ganzen und Einzelnen vorteilhafter zu gewissen Zwecken gebrauchen zu können, ist eine gewisse Ordnung und Einteilung notwendig. Was ist nun mit dem, der diese Ordnung verletzt?

A.   Er bekommt Strafe.

F.   Die Festsetzung dieser Ordnung und der Strafen gegen die Übertretenden nennt man Mannszucht, Kriegszucht oder Disziplin. Wer ist dieser unterworfen?

A.   Alle Soldaten.

F.   Was muss aber den Soldaten noch mehr als die Furcht vor der Strafe zur Erfüllung seiner Schuldigkeit antreiben?

A.   Die Ehre; oder das Bestreben, den Beifall und die gute Meinung seiner Vorgesetzten zu erhalten.

F.   Wenn ein junger Unteroffizier einem alten Soldaten etwas befiehlt, was diesem nicht ganz recht scheint, muss letzterer dennoch jenem gehorchen?

A.   Ja.

F.   Warum muss er dies?

A.   Weil sonst großer Nachteil daraus entstehen würde, wenn jeder seiner eignen Meinung folgen wollte.

F.   Diese unbedingte Unterwerfung unter die Befehle eines Höheren nennt man Subordination. Kann es davon Ausnahmen geben?

A.   Nein, gar keine.

F.   Wenn nun ein Soldat von einem seiner Vorgesetzten einen Befehl erhielte, wodurch er sich oder Anderen Unrecht getan glaubte: was hat er zu tun?

A.   Er befolgt das, was ihm befohlen wird ohne Widerrede; hernach aber kann er, wenn er seiner Sache gewiss zu sein glaubt, sich deshalb bei einem höheren Vorgesetzten beschweren.

F.   Wenn nun ja, in einem besonders wichtigen Falle, ein Soldat sich veranlasst fände, gegen den gegebenen Befehl eine Vorstellung zu machen: wie hat er sich da zu verhalten?

A.   Er muss das mit der größten Vorsicht und Bescheidenheit tun, und wenn seine Gründe nicht angenommen werden sich sofort dabei beruhigen.

F.   Das was ein Mensch tun soll, heißt seine Pflicht. Welcher ist nun ein guter Soldat?

A.   Der alle seine Pflichten, die ihm als Soldat obliegen, aufs genaueste erfüllt.

F.   Wo werden dem Soldaten seine haupt-sächlichsten Pflichten vorgehalten und erklärt?

A.   In dem Artikelsbriefe oder den Kriegsartikeln.

F.   Was versteht man also unter den Kriegsartikeln?

A.   Eine   Sammlung   der   vornehmsten
Pflichten, welche der Soldat zu beobachten hat.

F.   Wodurch   hat   sich   der   Soldat   zu
Beobachtung   dieser   Kriegsartikel,   oder   zur
Erfüllung seiner Pflichten verbindlich gemacht?

A.   Durch den Eid oder Fahnenschwur.

F.   Was verstehen wir unter diesem Fahnenschwur?

A.   Eine Beteuerung bei Gott, und dem was
uns das Heiligste ist, dass wir dem Fürsten und
dem Staate, dem wir dienen, treu sein, alle uns als
Soldaten obliegende, insonderheit die in den
Kriegsartikeln vorgeschriebenen Pflichten gewis-
senhaft erfüllen, oder der auf die Verletzung
derselben gesetzten Strafen gewärtig sein, und
dass wir die Fahne, zu der wir schwören, nie
verlassen wollen.

✠

II

Militärische Einrichtungen und Benennungen

F.　Auf welche Art tritt jemand in den Soldatenstand?

A.　Entweder aus freiem Willen oder weil ihn die Landesgesetze dazu bestimmen.

F.　Wie lange muss er Soldat bleiben?

A.　Solange er sich freiwillig dazu verbindlich gemacht hat oder, im zweiten Falle, solange ihn nach Verhältnis seines Alters das Gesetz zu dienen verbindet.

F.　Gewöhnlich bekommt der Soldat hierüber einen von dem Regiments-Kommandanten unterschriebenen Schein. Wie heißt dieser?

A.　Eine Kapitulation.

F.　Wie nennt man einen Burschen, der eben zum Soldaten angeworben worden ist?

A.　Einen Rekruten.

F.　Was muss nun geschehen, dass dieser mit Waffen, welche der Soldat führt, umgehen, sie zweckmäßig gebrauchen, auch seinen eigenen Körper nach dem Willen seiner Vorgesetzten bewegen könne?

A.　Es muss ihm gelehrt, er muss darin geübt werden.

F.   Dieses Üben dessen, was der Soldat fertig können muss, nennt man **exerzieren**. Was heißt also: Soldaten exerzieren?

A.   Sie das lehren und in demjenigen üben, was sie fertig können müssen.

F.   Wie heißt das, wenn mehrere Soldaten **neben** einander getreten sind?

A.   Ein Glied.

F.   Und wenn zwei oder drei Mann **hinter** einander stehen?

A.   Eine Rotte.

F.   Wenn nun z.B. drei Glieder hinter einander und in jedem Gliede 8 Mann neben einander stehen: so hat dieser Trupp?

A.   Acht Rotten.

F.   Und jede Rotte enthält?

A.   Drei Mann.

F.   Dies nennt man auch drei Mann hoch stehen. Stehen nun drei Glieder hinter einander und in jedem Gliede 16 Mann?

A.   So steht dieser Trupp 3 Mann hoch und hat 16 Rotten.

F.   Was ist ein Peloton?

A.   Ein kleiner, in Gliedern und Rotten aufgestellter Trupp Soldaten.

F.   Sind alle Soldaten von einer Art?

A.   Nein.

F.   Wie nennt man die Soldaten, die zu Fuß dienen?

A.   Infanterie oder Fußvölker

F.   Wie heißen diejenigen, die ihren Dienst meist zu Pferde verrichten?

A.   Kavallerie oder Reiterei.

F.   Welchen Namen führen die, welche mit dem Geschütz umgehen?

A.   Artillerie.

F.   Was für Waffen führet die Infanterie?

A.   Eine Flinte mit Bajonett und einen Pallasch oder Seitengewehr.

F.   Gibt es außer der gewöhnlichen Infanterie noch eine andere Art derselben?

A.   Ja, die leichte Infanterie

F.   Wodurch unterscheidet sich diese von jener

A.   Durch vorzügliche Geschwindigkeit und Behendigkeit in allen ihren Bewegungen und das sie mehr darauf exerziert wird, zerstreut und einzeln zu fechten, so wie dass der einzelne Mann die Selbstverteidigung in Acht nehme und dazu jeden Gegenstand, der sich eben darbietet, mit Vorteil benutze.

F.   Welches sind die besonderen Arten der gewöhnlichen Infanterie?

A.   Grenadiers und Musquetiers.[1]

F.   Was für Truppen rechnet man zur leichten Infanterie?

A.   Jäger, Scharfschützen, Füsiliere etc.

F.   Wie unterscheidet man die Kavallerie?

A.   Ebenfalls schwere und leichte.

F.   Welche Arten von Truppen gehören zur schweren Kavallerie?

A.   Gensd'arms, Karabiniers, Kürassiers.

F.   Welche werden unter der leichten Kavallerie begriffen?

A.   Dragoner, Chevauxlegers, Chasseurs à cheval (reitende Jäger) und Husaren.

F.   Wie vielerlei ist die Artillerie ?

A.   Außer der gewöhnlichen gibt es noch auch reitende oder leichte Artillerie, wo die zum Geschütz gehörende Bedienung entweder reitet oder gefahren wird.

F.   Außer den itzt genannten gibt es auch noch mehrere Arten von Truppen, als z.B. Guiden, Pontoniers, Pioniers, Sappeurs, Mineurs u. dgl. Darf nun wohl eine Art Truppen sich vor der andern einen Vorzug anmaßen, sich für besser halten?

---

[1] Um die Wissbegierde der Leute zu unterhalten, kann hier zur Abwechslung der Ursprung dieser Benennungen von (Grenade und Musquete) erklärt werden.

A.   Nein.

F.   Welches ist der bessere Soldat, er mag gehören zu welcher Art Truppen er will?

A.   Der seine Pflichten am genauesten erfüllt.

F.   Wie heißen überhaupt die Vorgesetzten der gemeinen Soldaten?

A.   Offiziere und Unteroffiziere.

F.   Wie nennt man einen Trupp Soldaten, der unter einem Befehlshaber, welcher bei der Infanterie Hauptmann oder Kapitän heißt, einigen Offizieren und mehreren Unteroffiziere unterhalten und verpflegt wird?

A.   Eine Kompanie.[2]

F.   Wozu sind bei einer Kompanie hauptsächlich die Unteroffiziere da?

A.   Um über den gemeinen Mann die besondere und nächste Aufsicht zu führen und ihn zu Befolgung der von den Offizieren gegebenen Befehle anzuweisen und anzuhalten.

F.   Wodurch kann der gemeine Mann dem Unteroffizier seinen Dienst erleichtern?

A.   Wenn er das, was zur Ordnung, zur Reinlichkeit und zum guten Anstande gehört, von

---

[2] Diese Frage läßt sich dann, wenn der Mann den Begriff der Antwort erfasst hat, umkehren, so dass man nun fragt: Was ist eine Kompanie? – Hier ist auch die Gelegenheit, wo besonders der neue Mann um den Namen jedes seiner Vorgesetzten befragt werden kann.

selbst beobachtet, dem, was ihm gesagt wird, ein aufmerksames Ohr leiht und es willig befolgt.

F.   Wozu sind die Zimmerleute da?

A.   Um da, wo es zu verschiedenen Zwecken nötig ist, Bäume zu fällen und zu behauen, Holz zu machen, Palisaden und spanische Reiter zu verfertigen, die, welche der Feind aufgesteckt hat, niederzureißen, Verhaue anzulegen und durch zu hauen, Torflügel einzuhauen u. dgl.

F.   Was ist ein Tambour?

A.   Ein Soldat, der kein Feuergewehr führt, sondern bloß die Trommel schlägt.

F.   Wozu wird diese geschlagen?

A.   Um das Zeichen zum Marsche, zum Aufstehen, zum Versammeln und überhaupt bei solchen Gelegenheiten zu geben, wo den zerstreut liegenden oder sich in einer großen Masse beisammen befindenden Soldaten etwas bekannt gemacht werden soll.

F.   Wozu dienen die Pfeifer und Hautboisten?

A.   Um durch ihre Musik den Schlag der Trommel zu begleiten und zur Aufmunterung und Belebung des ganzen militärischen Haufens mitzuwirken.

F.   Was versteht man unter einem Regiment?

A.   Mehrere Kompanien, die zusammen unter einem Kommandeur und mehreren Stabsoffizieren stehen.

F.   Dieser Kommandeur heißt gemeiniglich Oberster. Wie derjenige Stabsoffizier, der nach ihm das Regiment kommandiert?

A.   Der Oberstleutnant.

F.   Welches sind die übrigen Stabsoffiziere im Regiment?

A.   Die Majors.

F.   Wie heißt derjenige Teil eines Regiments, den von einem Major besonders geführt und exerziert wird?

A.   Ein Bataillon, welches gemeiniglich aus 4 Kompanien besteht.

F.   Welches sind die höchsten militärischen Würden?

A.   Generalmajor, Generalleutnant, General, General-Feldmarschall.

F.   Wer ist der Chef eines Regiments?

A.   Derjenige, nach dem das Regiment den Namen führt; und der die Einkünfte desselben zieht, welches gewöhnlich eine der jetzt genannten Generalspersonen oder ein Prinz ist.

F.   Wozu dient einem Regiment oder Bataillon die Fahne?

A.   Zu einem Zeichen, wonach es sich richtet, dem es folgen, wobei es sich, wenn es im Treffen getrennt wird, wieder versammeln und wobei jeder Soldat sich seines Eides und der dadurch übernommenen Soldatenpflichten erinnern soll.

F.   Wo hat die Fahne eines Bataillons, wenn dasselbe aufmarschiert ist, ihren Platz

A.   In der Mitte desselben.

F.   Wie heißt der Teil des Bataillons rechts neben der Fahne?

A.   Der rechte Flügel.

F.   Welches ist der linke Flügel?

A.   Derjenige Teil, welcher links neben der Fahne steht.

F.   Wie heißt die Seite eines jeden Trupps Soldaten, wo die Mannshaft hinsieht und wo meist das erste Glied sich befindet?

A.   Die Front.

F.   Und die entgegengesetzte Seite heißt?

A.   Der Rücken.

F.   Die schmalen Seiten zwischen Front und Rücken nennt man Flanken. Wie heißt also die schmale Seite zwischen Front und Rücken auf dem rechten Flügel

A.   Die rechte Flanke.

F.   Und auf dem linken Flügel?

A.   Die linke Flanke.?

F.   Wenn nun die hier stehende Figur ein aufmarschiertes Bataillon oder überhaupt einen in militärischer Ordnung gestellten Trupp Mannschaften vorstelle: wie würden die mit

Buchstaben bezeichneten Seiten alle heißen? Die obere Linie bedeutet das erste Glied.

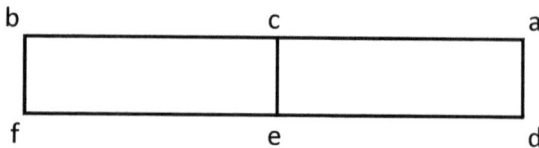

A.   ab   die Front
         df   der Rücken
         ad   die rechte Flanke
         bf   die linke Flanke
         aced   der rechte Flügel
         bcef   der linke Flügel

F.   Wie nennt man es, wenn mehrere kleine Truppenabteilungen, z.B. die Züge eines Bataillons, hinter einander marschieren?

A.   Eine Kolonne.

F.   Was versteht man unter der Tete oder Spitze einer Kolonne?

A.   Den vordersten Zug.

F.   Wenn ein aus 8 Zügen bestehendes Bataillon links abmarschiert ist: welcher Zug macht dann die Tete?

A.   Der achte Zug.

F.   Und wie heißt in diesem Fall der erste Zug?

A.   Die Queue.

F.   Wie verhält es sich dann, wenn das Bataillon rechts abmarschiert ist?

A.   Dann ist der erste Zug die Tete und der achte die Queue.

F.   Wie muss sich der Soldat beim exerzieren verhalten?

A.   Aufmerksam auf alles, was kommandiert wird und vollkommen ruhig.

F.   Warum ist ihm die Ruhe dabei so nötig?

A.   Damit er in seiner Aufmerksamkeit durch nichts gestört werde und er alles, was er hören und tun soll, um so richtiger verstehen und vollbringen kann.

F.   Wie muss er jeden Griff mit dem Gewehr und jede Bewegung seines Körpers machen?

A.   Leicht, schnell und mit Anstrengung seiner Kräfte.

F.   Was erlangt der Soldat durch das wiederholte Exerzieren der vorgeschriebenen Griffe und Bewegungen?

A.   Fertigkeit und Gewandheit.

F.   Was gehört also zu einem gut exerzierten Soldaten?

A.   Das er die Kommandowörter richtig versteht, immer aufmerksam darauf ist, die vollkommenste Ruhe beobachtet, alle Griffe mit dem Gewehr und die Bewegungen, welche er zu machen hat, auf die vorgeschriebene Art leicht, schnell und mit Anstrengung seiner Kräfte vollbringt und die nötige Fertigkeit und Gewandheit darin besitzt.

✠

III

Dienst im Lande

F.   Was versteht man überhaupt beim Militär unter Dienst?

A.   Jede Verrichtung, welche dem Soldaten in Beziehung auf die Obliegenheiten seines Standes aufgetragen wird.

F.   Was ist die Dienstordnung?

A.   Die eingeführten und allgemein-gültigen Vorschriften, nach welchen der Dienst in einer Armee oder bei einer besonderen Abteilung derselben verrichtet wird.

F.   Wie wird der Dienst überhaupt eingeteilt?

A.   In den Dienst im Lande und den Dienst im Felde.

F.   Welches sind die besonderen Arten des Dienstes im Lande?

A.   Wachen und Pikets, Kommandos von verschiedener Art, Stadt- und Landexekutionen, Post-Konvois, Landvisitationen, Ritte, Ordonanzen, militärische Bestrafungs-Exekutionen usw. nach den verschiedenen Gegenständen und Zwecken, wozu Soldaten gebraucht werden.

F.   Was ist eine Wache?

A.   Ein ausgestellter Trupp bewehrter Mannschaft, um einen oder mehrere besonders angezeigte Gegenstände wahrzunehmen und zu dem Ende Schildwachen auszusetzen und Patrouillen auszuschicken.

F.　　Welches sind die Hauptobliegenheiten einer Wache?

A.　　Wachsamkeit, Munterkeit, beständiges Aufmerken auf alle vorkommenden Gegenstände und Ordnung in den vorgeschriebenen Ablösungen.

F.　　Was ist eine Schildwache?

A.　　Ein mit seinen Waffen aufgestellter Soldat, der auf einen oder mehrere ihm besonders angezeigte Gegenstände die Aufsicht haben soll.

F.　　Welches sind die allgemeinen Obliegenheiten einer Schildwache?

A.　　Sie soll stets wachsam und munter sein, dass, was ihr besonders übergeben ist, unverrückt im Auge behalten und auf alles, was ihr vorkommt und um sie her vorgeht, ihre beständige Aufmerksamkeit richten. Auch darf sie nie ihre Waffen weglegen oder gar in eines Andern Hand geben.

F.　　Wie lange muss eine Schildwache auf ihrem Posten stehen?

A.　　So lange, bis sie durch einen andern Mann abgelöst, oder sie durch einen Gefreiten abgeholt wird oder der Wachkommandant ihr abzugehen besonders befiehlt.

F.   Wie führt eine Schildwache, während sie auf dem Posten steht, ihr Gewehr?

A.   So, wie sie damit aufgestellt worden ist. Entweder auf der Schulter oder beim Fuß. Im letztern Falle nimmt sie es beim Herumgehen hoch in rechten Arm.

F.   Vom wem hat sie Befehle anzunehmen?

A.   Durchaus von niemanden anders als den Wachkommandanten oder von dem an sie abgeschickten Unteroffizier oder Gefreiten, von dem General, Major oder Kapitän du jour oder dem Platzmajor des Ortes.

F.   Was hat sie zu tun, wenn einer dieser letztern oder auch ein Anderer, von dem sie in der Regel keine Befehle anzunehmen hat, ihr etwas befiehlt?

A.   Sie muss es entweder sogleich oder, wenn dies nicht angeht, nach ihrer Ablösung an den Wachkommandanten melden.

F.   Wenn nun jemand, der vielleicht gar nicht zum Militär gehört, einer Schildwache etwas zur Nebenaufsicht übergibt: Darf sie es annehmen?

A.   Ja, doch nur wenn es ihrer eigentlichen Obliegenheit nicht widerstreitet und sie an dieser durchaus nicht gehindert wird.

F.   Wie muss sie sich verhalten, wenn sie einmal einen dergleichen Auftrag übernommen hat?

A.   So, als ob es mit klaren Worten in ihrer Instruktion stünde.

F.   Was versteht man unter der Instruktion einer Schildwache?

A.   Die ihr erteilte Vorschrift, wie sie sich zu verhalten hat und was sie in Acht nehmen soll.

F.   Wie hat sich die Schildwache zu verhalten, wenn ihr die Instruktion vorgelesen oder mündlich gegeben wird?

A.   Sie richtet ihre Aufmerksamkeit genau auf das, was ihr vorgelesen oder gesagt wird und fragt um nähere Auskunft, wenn ihr darin etwas nicht deutlich genug ist.

F.   Darf sich eine Schildwache niedersetzen oder gar niederlegen?

A.   Nein, durchaus nicht.

F.   Warum nicht?

A.   Weil sie dann nicht auf alles die erforderliche Aufmerksamkeit haben könnte und dadurch, besonders bei Nacht, zu schlafen veranlasst werden würde.

F.   Wie wird eine Schildwache bestraft, wenn sie willkürlich ihren Posten verlässt oder schläft?

A.   Mit der Todesstrafe oder sonst einer der allerhärtesten militärischen Strafen.

F.   Warum so hart?

A.   Weil durch die eigenmächtige Entfernung oder durch die Nachlässigkeit einer Schildwache in Hinsicht dessen, was sie beobachten soll oder für die Wache, zu der der sie gehört, ja oft für ein ganzes Truppenkorps und, wenn es in einem besetzten Ort ist, für die Sicherheit desselben der größte Nachteil entstehen kann.

F.   Wenn nun eine von der Wache entfernte Schildwache schlechterdings genötigt ist, ihre Notdurft zu verrichten?

A.   In diese einzigen Falle hat sie die Erlaubnis, ihren Posten auf einen Augenblick zu verlassen, um sich derselben an einem schicklichen Orte zu entledigen, muss aber ihren Posten dann sogleich wieder einnehmen.

F.   Wie hat sich ein Soldat zu erhalten, wenn er, während er auf Schildwache steht, so krank wird, dass er die bestimmte Zeit nicht ausdauern und seinen Dienst nicht gehörig verrichten kann?

A.   Er bittet eine vorübergehende Person es seinem Wachkommandanten zu melden, damit er abgelöst werde, muss aber dennoch, so lange bis dies erfolgt, auf seinem Posten bleiben und denselben, so viel es seine Kräfte erlauben, versehen.

F.   Darf eine Schildwache Tabak rauchen, singen, pfeifen oder sich mit jemanden unterhalten?

A.   Nein! Dies alles ist teils unschicklich, das Tabakrauchen an vielen Orten sogar gefährlich, teils würde sie dadurch von der notwendigen Aufmerksamkeit abgehalten werden.

F.   Wie verhält sie sich, wenn jemand ein Gespräch mit ihr anknüpfen will?

A.   Sie fertigt ihn bescheiden aber kurz ab und unterrichtet ihn von ihrer Pflicht, dass sie dies nicht tun dürfe.

F.   Wie verhält sich eine Schildwache vor dem Gewehr oder im Tore gegen die schnell vorüber Reitenden oder Fahrenden?

A.   Sie ruft ihnen zu, ehe sie ganz herankommen, zu, dass sie sachte vorüber passieren und wenn sie nicht darauf achten, springt sie ihnen vor den Weg, sucht die Pferde anzuhalten und arretiert die Widerspenstigen auf der Stelle oder macht, wenn sie dieselben nicht aufzuhalten vermag, ihrem Wachkommandanten die Anzeige davon.

F.   Was hat sie zu tun, wenn sich in ihrer Nähe Kinder versammeln oder ein Zusammenlauf des Volks entsteht?

A.   Sie bedeutet sie, auseinander zu gehen und im Fall dies nicht erfolge, sucht sie dem Wachkommandanten davon Nachricht zu geben.

F.   Wie verhält sich die Schildwache, wenn sich jemand unterfinge, sie zu beschimpfen oder gar tätlich zu beleidigen?

A.   Sie sucht sich seiner zu bemächtigen und behält ihn solange bei sich, bis er von einer

Wachpatrouille abgeholt werden kann; auch ist es ihr erlaubt in dem Falle einer tätlichen Misshandlung ihr Gewehr gegen ihn zu gebrauchen.

F.   Was hat eine Schildwache zu tun, wenn ein Offizier vorüber geht?

A.   Sie geht in geschwindem Schritt auf ihren Posten, nimmt die gehörige Stellung an und erweist ihm die seiner Charge nach vorgeschriebene Honneur, wobei sie ihm munter in die Augen sieht.

F.   Wie verhält sie sich gegen Offiziere, die sie nicht kennt oder die von fremden Truppen sind?

A.   Sie tritt mit scharf geschultertem oder richtig beim Fuß genommenen Gewehr auf ihren Posten.

F.   Was tut sie in beiden Fällen des Nachts?

A.   Sie ruft: Wer da? und verhält sich dann wie in letztem Falle.

F.   Wann darf die Schildwache in das Schilderhaus treten?

A.   Bloß wenn es regnet oder schneit. Ansonsten niemals.

F.   Wo hat sie alsdann ihr Gewehr?

A.   Neben sich beim Fuß, setzt es aber schlechterdings nicht aus der Hand.

F.   Hat sie dann auf ihrer Post immer noch das Nämliche zu beobachten?

A.   Ja; ihre Aufmerksamkeit auf alles muss sich eher verdoppeln.

F.   Was tut sie hier, wenn ein Offizier kommt?

A.   Sie tritt heraus und beobachtet ihre gewöhnliche Schuldigkeit.

F.   Wie weit darf eine Schildwache auf ihrem Posten herumgehen?

A.   So, dass sie sich nicht über 10 Schritte von demselben entfernt.

F.   Wie verhält sich die Schildwache im Tore oder Schlage gegen durchpassierende Fremde?

A.   Sie ruft den Unteroffizier oder Gefreiten heraus oder erkundigt sich selbst höflich nach dem Namen und Stand des Fremden, woher er kommt, wohin er wolle oder in welchem Haus er abtreten werde. Ist es ein Offizier, so fragt sie zugleich, von was für Truppen oder bei einem Einheimischen, von welchem Regiment.

F.   Wie ist sich zu verhalten, wenn Kommandos ankommen?

A.   Man fragt, von was für Truppen oder von welchem Regiment das Kommando sei, woraus es bestehe, woher es komme und welche Bestimmung es habe. Ist es von fremden Truppen und die Wache ist nicht vorher schon davon unterrichtet, so muss das Kommando halten und es wird von dem Wachtkommandanten zuvörderst auf die Hauptwache gemeldet.

F. Was tut eine Schildwache, wenn sie des Nachts, auch in Häusern, die ihrer Obhut nicht besonders empfohlen sind, ein verdächtiges Geräusch bemerket oder einen wirklichen Einbruch zu vermuten Veranlassung findet?

A. Sie macht Lärm und sucht nach Befinden der Umstände zur Festhaltung der etwaigen Diebe mitzuwirken.

F. Was tut sie bei Wahrnehmung eines Feuers?

A. Sie zeigt es sogleich den nächstwohnenden Personen an und sucht es unverzüglich zur Kenntnis der nächsten Wache zu bringen.

F. Was hat eine Schildwache zu tun, welche ehrenhalber vor das Haus eines Generals oder Stabsoffiziers gestellt ist?

A. Sie muss immer wissen, ob sich derselbe zu Hause befindet und was für Offiziere zu ihm hinein und wieder herausgegangen sind, auch lässt sie niemand Verdächtiges zu ihm hineingehen.

F. Darf ein auf der Wache stehender Soldat sich mit einem andern in Zank oder gar in tätliche Händel einlassen

A. Nein, da am allerwenigsten.

F. Darf ein Soldat von der Wache gehen?

A.   Ohne Erlaubnis niemals und dann nur für kurze Zeit.

F.   Darf er, wenn ihm der Unteroffizier von der Wache Urlaub gibt, seine Patronentasche ablegen oder sich ausziehen?

A.   Nein, er muss beständig in seinem ganzen Anzuge bleiben, wie er ist.

F.   Wie verhält sich ein Soldat, der als Schildwache oder ausgeschickte Patrouille, Leuten aus andern Ständen etwas zu sagen, sie abzuwehren oder auseinander zu treiben hat?

A.   Er tut es mit bescheidenem Ernst und nur dann, wenn sie nicht darauf achten, mit Strenge und völligem Gebrauch seiner Rechte.

F.   Wozu werden von einer Wache Patrouillen ausgeschickt?

A.   1) Um die Schildwachen zu visitieren und sie immer in reger Aufmerksamkeit zu erhalten; 2) um nachzusehen, dass sich keine Soldaten über die vorgeschriebene Zeit in den Schenkhäusern aufhalten und 3) in Rücksicht auf Gegenstände der bürgerliche Polizei.

F.   Was hat überhaupt jede Patrouille, besonders des Nachts, zu beobachten?

A.   Sie ist aufmerksam auf alles, untersucht das was ihr verdächtig vorkommt und macht nach ihrer Zurückkunft davon die Meldung an den Wachkommandanten; auch gibt sie darauf Acht, ob alle Schildwachen, bei denen sie vorüber geht, wachsam sind, überall ihre Schuldigkeit tun und sie gehörig anrufen.

F.   Was hat die Patrouille zu tun, wenn sie Soldaten antrifft, die über die vorgeschriebene Zeit in den Schenkhäusern sitzen oder sich auf der Straße finden lassen?

A.   Dieselben sogleich arretieren.

F.   Was tut eine Patrouille, wenn sie ein Feuer bemerkt?

A.   Sie macht sofort in demselben Hause und in der Nachbarschaft Lärm, untersucht die Beschaffenheit der Umstände, lässt einen Mann zu Besetzung des Hauses da und meldet es dann auf die Wache.

F.   Wie haben sich Patrouillen zu verhalten, wenn sie in einem Wirtshause oder auf der Straße Leute finden, die Exzesse begehen oder wenn sie eines solchen Exzesses halber der Wache abverlangt worden sind?

A.   Sie nehmen die darein verwickelten Personen in Arrest.

F.   Was haben die ausgeschickten Patrouillen sowie jeder auf der Wache stehende Unteroffizier oder Gemeine zu tun, wenn sie jemand arretieren?

A.   Ihn ohne Verzug auf die Wache zu bringen und an den Kommandanten derselben zu melden.

F.   Darf der Arretierte von dem, der ihn in Verhaft genommen, auf des erstern Bitte oder gegen ein Geschenk wieder losgelassen werden?

A.   Nein, durchaus nicht, darauf steht schwere Strafe.

F.   Wie hat sich die Schildwache bei den Arrestanten zu verhalten?

A.   Sie lässt dieselben nie aus den Augen, beobachtet jede ihrer Bewegungen und lässt sie ohne Erlaubnis des Wachkommandanten mit niemanden sprechen; so wie sie selbst sich auch in kein Gespräch mit ihnen einlassen darf.

F.   Wie hat sich jeder Soldat auf Kommando zu verhalten?

A.   Er richtet sich unbedingt nach den Befehlen desjenigen, der das Kommando führt und übrigens genau nach der ihm besonders erteilten Instruktion.

F.   Wie verhält sich ein Kommando bei Transportierung von Pulver und Munition?

A.   Es darf schlechterdings dabei kein Tabak geraucht oder in der Nähe des Transports Feuer aufgeschlagen, auch der Wagen, worauf sich das Pulver befindet, sowohl unterwegs als im Quartier nie einen Augenblick allein gelassen werden.

F.   Was hat ein Kommando zu beobachten, dass an einen in Feuer stehenden Ort geschickt worden ist?

A.   Um den Durchgang frei zu halten und das Entwenden der geretteten Sachen zu verhindern, werden Schildwachen an den Eingang des brennenden Hauses und nach den Seiten, wo Sachen abgeworfen werden, auch an die Orte, wo man diese niederlegt, ausgestellt. Die übrige Mannschaft legt ihre Waffen und Gerätschaften unter der Aufsicht einer Schildwache an einem sichern Orte ab und leistet Hilfe beim Löschen.

F.   Was hat ein Kommando zu tun, welches einen Arrestanten transportiert?

A.   Es verhält sich im Ganzen wie die Schildwache bei demselben, behält ihn stets in der Mitte zwischen sich und kein Mann dabei darf sich die geringste Nachlässigkeit erlauben, wodurch er von der beständigen Aufmerksamkeit auf denselben abgehalten oder, im Falle er entspringen wollte, nach ihm zu schießen außer Stand gesetzt werden könnte.

F.   Wie verhalten sich diejenigen Soldaten, welche die Aufsicht über Festungsbaugefangene und dergleichen Leute haben?

A.   Ganz auf dieselbe Weise.

F.   Wenn ein Arrestant Versuche gemacht hat, zu entspringen und er wird daran gehindert oder wieder ergriffen: dürfen die Kommandierten ihn dafür bestrafen?

A.   Auf keinen Fall. Es ist aber dem Kommando erlaubt, zu Festhaltung desselben strengere Maßregeln zu nehmen, als vielleicht anfangs angeordnet waren.

F.   Was versteht man auf der Wache unter einem Gefreiten?

A.   Einen Soldaten, welcher während derselben von der Obliegenheit Schildwache zu stehen befreit ist, dagegen die Posten aufführen, die Meldung verrichten, die Patrouillen und den Zapfenstreich führen muss.

F.   Welches sind die Obliegenheiten des Gefreiten vom Aufführen?

A.   Acht zu haben, dass die Leute, welche er auf die Schildwache führt, ordentlich marschieren, ihre Gewehre gehörig tragen, nicht plaudern, vorschriftsmäßig ablösen und das die Schild-wachen sich einander alles richtig übergeben.

F.   Was hat der Gefreite zu tun, wenn die Leute, welche er aufführt, seine Erinnerungen nicht gehörig befolgen oder sich gar mit Worten an ihm vergehen?

A.   Sie sogleich an den Wachkommandanten melden.

F-   Was hat der Gefreite zu tun, welcher bei Führung einer Patrouille eine Schildwache krank oder vielleicht schlafend findet?

A.   Er lässt diesen Mann durch einen seiner Leute ablösen und nimmt ihn mit zurück nach der Wache.

F.   Was hat der Gefreite vom Anmelden in Acht zu nehmen?

A.   Alles, was ihm zu melden aufgetragen wird, wohl zu fassen und die Meldung deutlich an die Behörden zu verrichten.

F.   Was tut der Gefreite, wenn er mehrere Offiziere, an die er zu melden hat, beisammen antrifft?

A.   Er meldet bloß an den, welcher seiner Würde oder dem Range nach der Älteste ist.

F.   Wie verhält er sich, wenn der, bei dem er melden soll oder ein Anderer, der sich es vorher bei dem Offizier ausgebeten haben wird, ihm ein Glas Wein reicht?

A.   Er nimmt sein Gewehr in Arm, trinkt das dargebotene Glas aus, setzt dasselbe dann bei Seite oder gibt es einem Bedienten, greift sein Gewehr wieder an und entfernt sich, wenn der Offizier sagt: Es ist gut.

F.   Was hat ein Soldat zu beobachten, der als Ordonnanz mit Briefen verschickt wird?

A.   Die Briefe wohl in Acht zu nehmen, seinen Weg ohne Aufenthalt fortzusetzen und bei seiner Ankunft ungesäumt zu übergeben.

F.   Wie verhält er sich, wenn er unter Weges krank werden oder ihm sonst ein Unfall zustoßen sollte, wodurch er die Briefe selbst an ihre Bestimmung zu bringen verhindert würde?

A. Er meldet sich bei den Gerichten des nächsten Orts und übergibt da die Briefe zu weiterer Beförderung.

F. Was hat ein mit Mannschaft kommandierter Gefreiter oder ein einzelner Kommandierter zu tun, wenn ihn sein Weg an oder durch einen mit Militär besetzten Ort führt?

A. Er meldet sich auf der dasigen Wache oder bei dem kommandierenden Offizier.

✠

IV

Verhalten auf Märschen

———

F.   Was hat ein Soldat zuvörderst in Acht zu nehmen, wenn er sich auf den Marsch begeben soll?

A.   Seinen Anzug so leicht und bequem einzurichten als es die Vorschrift und befohlene Einrichtung desselben verstattet; die vorgeschriebene Munition und zu seinen Bedürfnissen erforderlichen Gerätschaften mitzunehmen, von letztern aber ja nicht mehr, als er notwendig braucht und alles so zu packen, wie es ihm am bequemsten zu tragen wird und das er das Nötigste immer zuerst bei der Hand hat.

F.   Wie hat er sich während des Marsches zu verhalten?

A.   Er muss immer den ihm in Gliedern und Rotten angewiesenen Platz behaupten, mit seinen Vorder- und Nebenleuten zugleich und in einerlei Takt fortschreiten und von erstern immer einerlei Abstand bobachten.

F.   Ist denn diese Ordnung auf dem Marsche so notwendig?

A.   Ja, weil jeder Soldat während desselben stets bereit sein muss, auf das unerwartet erfolgende Kommandowort seine sich auf das ganze beziehende Stellung zu haben.

F.   Wie verhält er sich, wenn auf dem Wege ein Graben, ein schmaler Steg oder sonst ein Hindernis kommt, wodurch diese Ordnung gestört wird?

A.   Er schreitet geschwind über das vorliegende Hindernis hinweg und sucht sich sodann mit seinen übrigen Kameraden gleich wieder zu formieren.

F.   Darf ein oder dürfen mehrere Soldaten einen näheren oder bequemeren Weg als der übrige Haufe einschlagen?

A.   Nein, dies darf ohne besondern Befehl durchaus nicht geschehen.

F.   Darf ein Soldat während des Marsches sein Gewehr oder sein Gepäck auf einen Wagen legen oder sonst wohin abgeben?

A.   Nein, dies ist ihm ohne ausdrückliche Erlaubnis ebenfalls nicht zu tun verstattet.

F.   Ist ihm unter Weges nach eigner Willkür in ein Wirtshaus zu gehen erlaubt?

A.   Nein, auch dies darf er nicht.

F.   Wenn er nun ein natürliches Bedürfnis verrichten, sonst einer Ursache wegen heraustreten will oder mit den Übrigen nicht mehr fort kann?

A.   Dann muss er dies, sowohl wenn er heraus als wenn er wieder eintritt, seinen Zugskommandanten oder dem besonders dazu bestellten Unteroffizier melden.

F.   Darf er unterwegs aus einer Quelle oder an einem Brunnen trinken?

A.   Dies darf er nicht, weil es einen unnötigen Aufenthalt verursachen und seiner Gesundheit oft schädlich sein würde.

F.   Warum ist der Soldat auf dem Marsche allem diesem Zwange unterworfen?

A.   Weil durch Abwartung der Bequemlichkeit und durch die Nachlässigkeit eines Einzigen oder Weniger oft die Ordnung des Ganzen und die Bequemlichkeit Aller leiden, auch, wie schon bemerkt, für die Gesundheit und Ausdauer der Leute mancher Nachteil entstehen würde. Ferner darf hier, wo alle gleiche Rechte haben, dem Einzelnen nichts nachgelassen werden, was nicht allen verstattet werden könnte, welches doch unmöglich wäre.

F.   Was versteht man unter der Ausdauer des Soldaten auf dem Marsche?

A.   Die beständige und gleichmäßige Anstrengung seiner Kräfte bis zur Vollendung des Marsches.

F.   Wodurch wird, besonders im Felde, für die Sicherheit und Ordnung einer marschierenden Kolonne gesorgt?

A.   Durch die Avantgarde, Seitenpatrouillen und Arrieregarde.

F.   Was versteht man unter Avantgarde?

A.   Einen vorausmarschierenden Trupp Mannschaft, welcher wieder kleinere Trupps voransendet, um zu beobachten, was den auf dem Marsche begriffenen Truppen von vorn her entgegen kommen oder sonst angetroffen werden könnte, dass den Marsch aufhalten, beunruhigen und dem Ganzen gefährlich werden möchte.

F.   Worauf haben die Avantgarden, sowie alle für sich allein marschierenden Trupps vorzüglich ihre Aufmerksamkeit zu richten?

A.   Auf hohle Wege, alle Art von Defileen, besonders auch Dörfer und Hölzer.

F.   Wie haben sie sich in Hinsicht dieser Gegenstände zu verhalten?

A.   Sie schicken jedes Mal, nach Befinden der Umstände, einen einzelnen Mann oder mehrere Leute voraus, welche den vorliegenden Gegenstand genau durchsuchen und gehen nicht eher hinein bis sie die Antwort zurück haben, dass alles richtig ist.

F.   Wenn sich nun etwas Verdächtiges finden sollte?

A.   Dann muss es gleich zurück an den Kommandeur des Ganzen gemeldet werden.

F.   Was versteht man unter der Spitze der Avantgarde?

A.   Den Gefreiten mit den ihm zugegeben Leuten oder auch einen einzelnen Mann, welcher dem ganzen Trupp vorangeht.

F.   Was hat der die Spitze führende Gefreite oder diese einzelne Mann zu tun, wenn ihm Truppen entgegen kommen?

A.   Er lässt sich das Feldgeschrei geben oder gibt solches, wenn es zuerst von ihm verlangt wird und meldet dann zurück, ob es richtig gewesen ist.

F.   Was sind Seitenpatrouillen?

A.   Kleine längs der Marschkolonne zu beiden Seiten derselben ausgeschickte Trupps, welche hier das Nämliche wie die Avantgarde zu beobachten haben.

F.   Was ist die Arrieregarde?

A.   Derjenige Trupp Mannschaft, welcher ganz zuletzt hinterdrein marschiert und dem nach und nach immer kleinere Trupps folgen, welche die Sicherheit des Ganzen von hinten her in Acht zu nehmen haben.

F.   Worauf hat die Arrieregarde nebenbei noch Acht zu geben?

A.   Auf alles was von der Marschkolonne etwa zurückbleibt, insonderheit auf diejenigen Leute, welche sich vom Ganzen getrennt haben und, um Ausschweifungen zu begehen, hinten geblieben sein möchten.

F.   Was hat der Soldat nach vollendetem Marsch zu Schonung seiner Gesundheit in Acht zu nehmen?

A.   Sich bei Erhitzung nicht gleich auszuziehen, sich nicht auf einmal und zu lange niederzusetzen oder gar auf die Erde zu legen; nicht auf die Hitze zu trinken und überhaupt sich vor Übernahme in Speise und Trank zu hüten.

F.   Was haben diejenigen Soldaten zu beobachten, welche auf dem Marsche zur Bagage kommandiert sind?

A.   Jeder bleibt in der Nähe derjenigen Wagen oder Packpferde, zu denen er eingeteilt ist, gibt Acht, dass davon nichts verloren geht oder entwendet werde und legt seine Waffen und sein Gepäck nicht eher ab, als nur im Fall er bei üblen Wegen und andern vorfallenden Hindernissen selbst Hand mit anlegen müsste.

F.   Wie hat sich der Soldat in den Marschquartieren zu verhalten?

A.   Er sorgt, soviel es der Dienst und die notwendige Ordnung erlaubt, für seine Ruhe und Bequemlichkeit, begehrt von seinen Wirten nie mehr als er zu fordern ein Recht hat, nimmt da, was ihm etwa mehr gegeben wird, mit Dank und Bescheidenheit an, ist übrigens artig und höflich, auch bei vorfallenden Gelegenheiten hilfreich gegen sie, geht vorsichtig mit Feuer und Licht um, setzt seine Waffen und alles Geräte wieder in reinlichen Stand, sorgt für die sichere

Aufbewahrung seiner Munition, hält alles stets in Ordnung eingepackt und ist jeden Augenblick zum Aufbruche bereit.

✠

V.

Dienst im Felde

F.   Worauf muss der Soldat im Felde zuvörderst seine vorzügliche Aufmerksamkeit richten?

A.   Er muss seine Waffen, besonders sein Feuergewehr, beständig in einem solchen Stande erhalten, um davon immer einen zweckmäßigen Gebrauch machen und sich darauf sicher verlassen zu können. Auch muss er stets wachsam und munter und zu allem aufgelegt sein, was ihm auszurichten befohlen und wozu er gebraucht wird.

F.   Darf der Soldat im Felde von der sonst gewohnten Ordnung etwas weglassen?

A.   Nein, vielmehr muss er dieselbe eher noch strenger in Acht nehmen, um auf jeden möglichen Fall gefasst zu sein und seine Schuldigkeit jedes Mal mit Besonnenheit und Genauigkeit zu erfüllen.

F.   Welches sind die vorzüglichen Gegenstände des gewöhnlichen Dienstes im Felde?

A.   Lagerwachen, Feldwachen, Pikets und Kommandos, welche zu verschiedenen Zwecken und zu Besetzung einzelner Posten ausgeschickt werden.

F.   Was hat der Soldat auf jeder Wache im Felde in Acht zu nehmen?

A.   Seine Munition gehörig zu verwahren, sich nach Verhältnis der Dauer und der Entfernung vom Lager mit dem nötigen Mundvorrat zu versehen und sich überall mit der größten Wachsamkeit und Munterkeit zu verhalten.

F.   Wozu werden Feldwachen ausgesetzt?

A.   Um die im Lager oder in Kantonierung stehende Armee vor Überfällen zu sichern und von jeder Annäherung des Feindes zeitig zu benachrichtigen.

F.   Wie werden alle diese zur Sicherheit einer Armee vorausgesetzten Wachen gemeinhin genannt?

A.   Die Vorposten.

F.   Was versteht man unter der Chaine oder Kette der Vorposten?

A.   Die zusammenhängende Linie, welche die vorausgestellten Wachen nebst ihren Schildwachen und Vedetten miteinander ausmachen.

F.   Was sind Vedetten?

A.   Doppelt oder auch einzeln von den Feldwachen ausgesetzte Schildwachen.

F.   Was sind Pikets?

A.   Sie bestehen aus derjenigen Mannschaft, welche sich im Lager beständig zum Ausrücken bereit halten muss, um die Feldwachen im nötigen

Falle zu unterstützen und des Nachts, wo die Feldwachen die Gegend nicht so gut beobachten können, zwischen dieselben eingestellt zu werden.

F.   Wie weit werden die Feldwachen vom Lager ausgestellt?

A.   In freien und ebenen Gegenden bis Eine Stunde weit; in gebirgiger und durchschnittener Gegend aber etwas näher.

F.   Welches nennt man eine durchschnittene Gegend?

A.   Wo viele Gebüsche Hügel, Dörfer, Gärten und dergleichen Gegenstände sich befinden, welche den freien Ausblick behindern.

F.   Wie weit dürfen Feldwachen von einander stehen?

A.   Auch in einer offenen Gegend nicht über eine halbe Stunde, in einer beschränkten Gegend stehen sie aber noch näher beisammen.

F.   Wie weit können die Vedetten von der Wache und untereinander selbst entfernt sein?

A.   So, dass jede den dazwischen liegenden Raum bequem übersehen und man selbst bei widrigem Winde ihren Schuss noch hören kann.

F.   Was hat eine Schildwache zu tun, wenn sie von weitem Truppen wahrnimmt?

A.   Sie ruft es der Wache selbst oder der nächsten Schildwache zu, welche es dann weitergibt, bis es an erstere gelangt.

F.   Wie verhält sie sich, wenn ihr bei Nacht etwas auf den Leib kommt?

A.   Sie ruft, indem sie sich zugleich fertig macht, **Wer da?** und auf erfolgte Antwort: **Halt! Ein Mann vor!** worauf von der Mannschaft bloß Ein Mann herankommen darf, dem sie mit auf die Brust gesetztem Bajonett das Feldgeschrei abfordert.

F.   Was ist hierbei für eine Vorsicht zu nehmen?

A.   Das der Finger nicht an den Abdruck gelegt werde, um in dem Falle, wenn es bloß eine Ablösung, Patrouille, Ronde, ein Kommando u.dergl. wäre, durch unwillkürliches Losdrücken keinen Schaden anzurichten.

F.   Wenn nun das Feldgeschrei richtig ist?

A.   So ruft die Schildwache den Unteroffizier oder Gefreiten heraus.

F.   Was tut sie aber, wenn das Feldgeschrei nicht richtig gegeben wird oder gleich der ganze Trupp auf sie los kommt?

A.   Dann kann sie merken, dass es der Feind ist; daher gibt sie sogleich Feuer und zieht sich zurück, indem sie ihr Gewehr wieder ladet.

F.   Was ist bei diesem Schießen die Hauptabsicht?

A.   Um die übrigen Vedetten und die Wache selbst aufmerksam und dadurch Lärm zu machen;

doch sucht sie auch wo möglich ihren Mann zu treffen.

F.   Was hat die Schildwache zu beobachten indem sie sich zurückzieht?

A.   Dass sie nicht gerade nach der Wache, sondern seitwärts zurückgeht und das Schießen wiederholt.

F.   Was hat die Schildwache zu tun, wenn sie in der Ferne fahren, reiten, sonst ein Geräusch oder auch schießen hört?

A.   Sie muss es sogleich zurück melden.

F.   Dürfen die Schildwachen jemand über die Postenkette hinaus oder herein lassen?

A.   Außer die Generale und deren Adjutanten niemand, wenn sie keine besondere Anweisung haben.

F.   Wie ist sich zu verhalten, wenn Bauern oder andre Leute kommen, die mit Pässen versehen sind?

A.   Es muss dem Kommandanten des Postens Nachricht davon gegeben werden und ehe die Antwort zurückkommt, dürfen sie nicht durch.

F.   Was hat die Schildwache zu tun, wenn ein feindlicher Trompeter herankommt?

A.   Sie lässt ihn halten, rechtsumkehrt machen und gibt dann der Wache Nachricht davon.

F.   Darf sie sich in ein Gespräch mit ihm einlassen?

A.   Nein, auf keine Weise.

F.   Was hat sie zu tun, wenn feindliche Deserteurs ankommen?

A.   Sie lässt sie ebenfalls halten, die Waffen ablegen, Front auswärts machen, wenn es Leute zu Pferde sind, sie absitzen und meldet es sodann zurück.

F.   Wenn nun die vorgegebenen Deserteurs dies nicht befolgen?

A.   So gibt sie Feuer und verhält sich wie gegen jeden andern feindlichen Trupp.

F.   Was hat eine Schildwache zu tun, wenn sie gewahr wird, dass eine ihrer Nebenschildwachen sich nicht mehr auf ihrem Posten befindet?

A.   Sie muss dem Kommandanten der Wache Nachricht davon geben.

F.   Was hat eine Schildwache des Nachts zu beobachten, um hier ihre Aufmerksamkeit zu verdoppeln?

A.   Sie muss, um durch den Laut ihrer eigenen Tritte nicht gehindert zu werden, oft stillstehen und zuweilen das Ohr an den Fußboden halten, weil man da das geringste Geräusch sehr weit hört.

F.   Was hat sie bei Regenwetter in Acht zu nehmen?

A.   Sie muss ihr Gewehr zu verwahren suchen, damit das Pulver auf der Pfanne nicht nass werde und sich vorsehen, dass ihr Gesicht durch den fallenden Regen nicht behindert werde, das was sich ihr nähern möchte wahrzunehmen.

F.   Darf sie den Pfanndeckel auf dem Gewehr haben?

A.   Nein, denn dies würde verhindern, geschwind genug im schussfertigen Stande zu sein.

F.   Was hat die Schildwache zu tun, wenn sich ihr bei Nacht etwas nähert und auf ihr drei Mal kurz hintereinander wiederholtes Anrufen keine Antwort erfolgt?

A.   Sie gibt Feuer und zieht sich seitwärts etwa fünfzig Schritte weit zurück, worauf sie ruhig stehen bleibt und Acht gibt, was weiter vorgeht, um inne zu werden, ob es 1) wirklich etwas Feindliches ist oder ob 2) sie sich nur getäuscht hat.

F.   Was tut sie im ersten Falle

A.   Sie wiederholt das Feuern und setzt ihren Rückzug fort.

F.   Was im zweiten?

A.   Sie nimmt sofort ihren ersten Posten wieder ein, sucht die Ursache ihres Irrtums zu entdecken und ruft es den übrigen Schildwachen und der Wache zu.

F.   Was hat eine Schildwache zu tun, wenn ihr bei den erwähnten Gelegenheiten das Gewehr versagt?

A.   Sie schreit so laut sie vermag: **Feuer! Feuer! Zum Gewehr!** und wenn das Pulver von der Pfanne abgebrannt sein sollte, steht sie einen Augenblick still, um neues Zündkraut aufzuschütten.

F.   Wie verhält sich eine Schildwache, wenn sie so unvermutet überfallen wird, dass sie schlechterdings nicht entkommen kann?

A.   In diesem Falle muss sie dennoch, und wenn sie sich wirklich schon in der Gewalt des Feindes befindet, Feuer geben und aus allen Kräften schreien.

F.   Wovor hat sich die Schildwache zu hüten, welche von dem, was sie bemerkt hat, Nachricht gibt?

A.   Ja nie mehr sagen als sie gesehen und vernommen hat und nichts größer und gefährlicher auszugeben, als es wirklich ist, weshalb sie auch das, was vor und neben ihr vorgeht mit ruhiger Aufmerksamkeit betrachten muss.

F.   Was für Nachteil kann eine solche Meldung haben, welche die Sache übertreibt und die mögliche Gefahr zu groß darstellt?

A.   Es wird dadurch ein unnötiger Alarm gemacht, die Befehlshaber werden zu falschen

Maßregeln verleitet und die furchtsamen Gemüter in Schrecken versetzt.

F.   Welche   Schildwache   wird   ihrer Schuldigkeit überall am besten nachkommen?

A.   Diejenige, welche im Frieden auf ihrem Posten sich so verhält, als ob der Feind aus allen Winkeln herkommen könnte und im Felde mit solcher Ruhe da steht als stünde sie in ihrem Friedensstandquartiere auf einem Posten, der bloß ehrenhalber besetzt wird.

F.   Wie ist das Verhalten, wenn zwei Schildwachen auf einem Posten stehen?

A.   Es beobachtet abwechselnd jede immer eine andere Gegend; wenn sich in der Ferne etwas zeigt, untersuchen sie es beide gemeinschaftlich mit ihren Augen, worauf Eine zurückgeht, um die Meldung davon zu machen.

F.   Wie verhalten sie sich bei wirklicher Annäherung oder unverhoffter Erscheinung des Feindes?

A.   Es feuert zuerst nur Eine und während diese zurückgeht, bleibt die andere zu fernerer Beobachtung noch auf dem Posten stehen, feuert dann ebenfalls und zieht sich hinter die Erste zurück, welche indes wieder geladen und den Hahn gespannt hat.

F.   Wenn nun aber ein Trupp geschwind auf beide Schildwachen andringt?

A. Dann feuern beide zugleich und ziehen sich nach verschiedenen Seiten zurück.

F. Wodurch können die Vorposten und einzelne Feldwachen noch mehr gesichert werden, damit sie der Feind nicht unvermutet überfalle?

A. Durch ausgeschickte Patrouillen.

F. Wie stark pflegt eine solche Patrouille zu sein?

A. Sie besteht gemeiniglich aus einem Gefreiten und noch zwei oder einem Mann; bei den Hauptposten auch wohl aus einem Unteroffizier und zwei bis vier Mann.

F. Wie oft werden diese Patrouillen geschickt?

A. So, dass immer eine unterwegs ist. Wenn eine zurückkommt, geht eine andre fort.

F. Wie richten sich dieselben in Ansehung des Weges ein, den sie zu nehmen haben?

A. So, dass sie alle äußere Schildwachen und den zwischen diesen liegenden Raum bestreichen, auf einem andern Wege zurückkommen als sie ausgegangen sind und das folgende Mal allzeit wieder vom entgegengesetzten Ende ausgehen.

F. Tut dies eine Patrouille wie die andere?

A. Nein, einige, welche vom Wachkommandanten besonders hierzu bestimmt werden, gehen zwischen den Schildwachen etwas vorwärts über die Linie derselben hinaus.

F.   Wie haben sich die Patrouillen überhaupt zu verhalten?

A.   Sie gehen langsam und still, um desto besser alles bemerken zu können und nicht so leicht gehört zu werden; auch müssen sie zuweilen sich umsehen, stehen bleiben und horchen.

F.   Was hat eine Patrouille in Acht zu nehmen, wenn sie auf einen Hohlweg, auf Gestrüpp, Gärten, altes Mauerwerk und dergleichen stößt?

A.   Sie muss einen Mann hineinschicken und den Gegenstand dieser Art durchsuchen lassen.

F.   Wie verhält sie sich, wenn sie wirklich etwas Verdächtiges bemerket?

A.   Sie bleibt halten, schickt einen Mann zur näheren Untersuchung vor und nun ist das Verhalten ganz wie bei den Schildwachen.

F.   Wenn sie unvermutet auf den Feind trifft?

A.   In diesem Falle wird sogleich Feuer gegeben, den Schildwachen und Wachen laut zugeschrien und sich auf dieselbe Art, wie die Schildwachen zu tun angewiesen sind, zurück gezogen.

F.   Wann haben die Patrouillen vorzüglich ihre Aufmerksamkeit und Vorsicht zu verdoppeln?

A.   Bei Wind, Regen, Schnee und neblichtem Wetter; auch da, wenn eben ein Sieg oder anderer Vorteil erfochten worden ist.

F.   Warum in letzterm Falle?

A.   Weil man sich da so leicht sicher glaubt und der Feind, der dies weiß, da am ersten Nutzen davon zu ziehen und die erlittene Scharte auszuwetzen bemüht sein wird.

F.   Wie verhalten sich die Schildwachen und Patrouillen gegen einander?

A.   Diese werden von jener leise angerufen und es wird ihnen das Feldgeschrei abgefordert. Zu mehrerer Sicherheit und um das Erkennen zu erleichtern, wird es gut sein, wenn ein Zeichen, etwa ein Schlag auf die Patronentasche oder dergleichen verabredet wird, welches die Patrouille schon von weitem gibt.

F.   Was ist bei diesem Zeichen für eine Vorsicht nötig?

A.   Das es während einer Wache ein paar Mal verändert werde.

F.   Wie verhalten sich Patrouillen, wenn sie einander begegnen?

A.   Diejenige, welche die andre zuerst gewahr wird, ruft an und lässt sich das Feldgeschrei geben.

F.   Darf ein auf der Wache stehender Soldat einem andern, der nicht im Dienst ist, das Feldgeschrei geben?

A.   Nein, dies darf er nicht.

F.   Was hat die in Schanzen und befestigten Plätzen stehende Mannschaft besonders in Acht zu nehmen?

A.   Nie anders auf den Feinds zu feuern als wenn es der Kommandant befiehlt oder es mit wahrscheinlicher Wirksamkeit geschehen kann.

F.   Hat sich die Besatzung eines befestigten Postens für verloren zu halten, wenn der Feind mit sehr überlegener Macht andringt?

A.   Keineswegs; denn hier können sich wenige sehr lange und oft glücklich gegen viele verteidigen.

F.   Wenn nun aber, ungeachtet alles Schießens, der Feind bis an den Graben oder bis an die Brustwehr herankommt?

A.   Dann gehen die eigentlichen Vorteile der Mannschaft in dem befestigten Posten erst recht an und ihre Verteidigung muss um so mutiger und standhafter sein.

F.   Dann ist es wohl unnütz, bei eignem Angriff eines verschanzten oder sonst befestigten Postens, die Ersteigung der Brustwehr zu versuchen?

A.   Nein, denn dies ist der entscheidenste Augenblick und wenn es hier gelingt, den Feind durch unablässiges Andringen außer Fassung zu bringen, so ist die Eroberung des Postens mit einem Male vollendet.

F.   Wird auch wohl zuweilen bei einem Angriff der gemeinen Mannschaft zu feuern untersagt?

A.   Ja, besonders bei nächtlichen Überfällen.

F.   Weshalb ist ein solches Verbot notwendig?

A.   Weil durch zu frühes und unzeitiges Schießen der Feind vor der Zeit alarmiert und dadurch oft das ganze Unternehmen vereitelt wird.

F.   Worauf muss sich hier der Soldat allein verlassen?

A.   Auf die sichere Führung seines Befehlshabers, sein eigenes mutiges Vordringen und den Angriff mit dem Bajonett.

F.   Was hat der Soldat in dem Felde zu tun, wenn er durch einen Zufall das Bajonett vom Gewehrte verliert?

A.   Wenn es schon im begonnenen Kampfe und wirklichen Handgemenge ist, schießt er sein Gewehr ab, dreht es herum und schlägt mit dem Kolben.

F.   Wenn ihm nun das Gewehr aus der Hand gerissen oder geschlagen wird?

A.   Kann er hier nicht in der Geschwindigkeit einem feindlichen Soldaten das Gewehr entreißen oder das eines Verwundeten oder Getöteten an sich nehmen, so zieht er den Pallasch und tut damit soviel er vermag.

F.   Was hat der gemeine Soldat in offener Feldschlacht zu beobachten?

A.   Er hört bloß auf die Befehle seines Kommandeurs, die er jedes Mal auf das Geschwindeste und in der möglichsten Ordnung mit Ruhe und Entschlossenheit vollzieht, so wie er auch genau auf alle Erinnerungen achtet, die ihm von den Offizieren und Unteroffizieren, nach der sich ändernden Beschaffenheit der Umstände etwa gegeben werden möchten. Den ihm einmal angewiesenen Posten hält er bis auf andern Befehl unverrückt und dringt, wenn es vorwärts geht, mit festem Mute auf den Feind ein.

F.   Was hat er beim Feuern in Acht zu nehmen?

A.   Die ruhige Fassung und Gegenwart des Geistes beizubehalten, damit er auch in der Hitze des Kampfes richtig lade und durch gehöriges Zielen wirksame Schüsse anzubringen suche.

F.   Was hat er zu tun, wenn ihm sein Gewehr oft versagt, er solches verladet oder ihm dasselbe sonst unbrauchbar wird?

A.   Er muss ebenfalls suchen, das eines Getöteten oder schwer Verwundeten dafür an sich zu nehmen.

F.   Wenn nun der Feind, ungeachtet alles Schießens nicht zum Weichen gebracht werden kann, vielmehr derselbe unaufhaltsam anrückt und zuletzt mit gefälltem Bajonett eindringt: darf alsdann das Treffen für verloren geachtet und die Gegenwehr aufgegeben werden?

A.   Nein, denn wenn der Soldat hier Stand hält, wird der andringende Feind stutzig und kann nun durch eine herzhafte Attacke am ehesten zurückgeworfen werden.

F.   Was haben aber die Truppen zu tun, wenn sie selbst mit gefälltem Bajonett einen Angriff auf den Feind machen und dieser Stand hält, sobald sie ihn erreichen?

A.   Sie müssen ihm durch einen herzhaften Angriff zeigen, dass sie auf seine Gegenwehr gefasst sind und durch nachdrücklichen Gebrauch des Bajonetts ihn über den Haufen zu werfen suchen.

F.   Hat sich der Soldat während des Gefechts um seine neben ihm fallenden Kameraden zu bekümmern?

A.   Nein, daraus könnte großer Missbrauch entstehen.

F.   Müssen also die Verwundeten ohne alle Hilfe liegen bleiben?

A.   Nein, es werden zu deren Wegschaffung die Pfeiffer, Tambours, Zimmerleute und andre dazu bestellte Personen gebraucht, welche sie, da wo es angeht, fortbringen und den hinten wartenden Feldscheren übergeben.

F.	Darf ein Soldat, wenn er einige seiner Kameraden ohne erhaltenen Befehl aus dem Gefecht zurückweichen sieht, ihrem Beispiele folgen?

A.	Dies darf er auf keinen Fall; vielmehr muss er sie ermahnen, stehen zu bleiben und sich keiner so schändlichen Handlung schuldig zu machen.

F.	Ist denn das willkürliche Zurückweichen aus dem Treffen oder von seinem Posten, für den Soldaten eine so große Schande?

A.	Ja, die größte, die er sich zuziehen kann.

F.	Was tut der Soldat, wenn er eine bedeutende Wunde erhält?

A.	Er tritt zurück und tut sich nach der ihm nötigen Hilfe um.

F.	Muss jeder verwundete Soldat sogleich das Gefecht verlassen?

A.	Nein, wenn die Wunde so leicht ist, dass sie ihn nicht am ferneren Streiten hindert und er keine Verblutung zu besorgen hat, fährt er fort, seine Schuldigkeit wie zuvor zu tun.

F.	Was tut derjenige Soldat, welcher sich seine Wunde hat verbinden lassen und damit noch dienstfähig ist?

A.	Er tritt gleich wieder auf seinen Posten.

F.   Wie hat sich der Soldat gegen feindliche Verwundete und Gefangene zu verhalten?

A.   Mit größter Schonung und Menschlichkeit.

F.   Wie verhält er sich, wenn die Armee, bei der er sich befindet, zum Rückzug genötigt wird?

A.   Er befleißigt sich einer ganz vorzüglichen Ruhe und Ordnung und hält sich in beständiger Aufmerksamkeit auf den Befehl zum Halt und zum erneuten Angriff.

F.   Darf er bei dieser Gelegenheit den Mut sinken lassen und an der Sache, für die er ficht, verzweifeln?

A.   Nein; denn ein solcher Rückzug ist oft nur scheinbar und selbst wenn er für den Augenblick ernstlich gemeint und man dazu gezwungen ist, kann daraus noch der beste Erfolg entstehen, wenn die Truppen Standhaftigkeit und Mut besitzen und den Befehlen ihrer Anführer unbedingt folgen.

F.   Dürfen sich die Truppen durch anscheinende Übermacht des Feindes, durch Gerüchte von Überflügelung und Umgehung niederschlagen lassen?

A.   Nein; dagegen müssen sie vielmehr sehr auf ihrer Hut sein; denn dies ist oft sehr täuschend.

F.   Dürfen sie sich durch Geschrei der Feinde, durch derselben Zurufen: Ihr seid verloren! Flieht! Ergebt euch! und dergleichen irre machen lassen?

A.   Auf keinen Fall; dies alles sind nur Blendwerke, die ein tapferer Soldat nicht achten muss.

F.   Dürfen sie aber selbst versuchen, durch lautes Schreien und dergleichen Zurufen den Feind stutzig zu machen?

A.   Ja, wenn ihnen dies nicht schlechterdings verboten ist.

F.   Wenn nun aber der Feind nicht darauf achtet?

A.   So legen sie auch weiter keinen Wert darauf, tun übrigens ihre Schuldigkeit und lassen die Entscheidung auf das wirkliche Gefecht und ihr eigenes tapferes Benehmen dabei ankommen.

F.   Was haben die Truppen beim Angriff auf eine Batterie zu beobachten?

A.   Ohne Aufenthalt rasch vorzudringen; denn je geschwinder man hier nahe kommt, desto geringer wird die Gefahr und sicherer der Erfolg.

F.   Was hat die Infanterie zu tun, wenn sie von Kavallerie angegriffen wird?

A.   Sie muss nicht eher feuern, als bis der Feind so nahe ist, dass sie es mit großer Wirksamkeit tun kann, beim wirklichen Angriffe des Feindes immer fest geschlossen bleiben, das Bajonett vorhalten und wenn sie den Reiter damit nicht erreichen kann, nach dem Pferde stechen.

F. Was tut hierbei das dritte Glied, welches das Bajonett nicht mit fällt?

A. Es sucht beständig ein wohl angebrachtes Feuer auf die angreifende Kavallerie zu unterhalten.

F. Wie verhält sich der Infanterist bei einem Angriffe von der Kavallerie, wenn er sich nicht in geschlossener Schlachtlinie sondern auf einzelnen Posten befindet?

A. Er sucht Mauerwerk, Zäune, Bäume, Gesträuche, Hügel, Gräben und ähnliche sich vorfindende Gegenstände zu seiner Deckung zu benutzen und schießt nie anders, als wenn er gewiss zu sein glaubt, seinen Mann zu treffen.

✠

VI.

Militärischer Anstand und Verhalten außer Dienst

F.   Wodurch muss sich der Soldat überhaupt von Leuten aus andern Ständen unterscheiden?

A.   Durch ein gesetztes und anständiges Betragen.

F.   Wodurch zeigt er dieses?

A.   Durch einen bescheidenen Ernst in seinem ganzen Benehmen, durch Munterkeit, Entschlossenheit und äußerlichen Anstand.

F.   Was gehört zum äußerlichen Anstand?

A.   Das der Soldat seine gehörige Stellung und Tragung des Körpers, auch die ihm vorgeschriebene Art der Begrüßung beobachte, keine unschicklichen Bewegungen mit den Händen mache und jeden nach der seinem Stande zukommenden Höflichkeit behandle.

F.   Wie hat sich der Soldat zu benehmen, wenn er mit jemanden spricht?

A.   Er sieht denjenigen, mit dem er redet, munter in die Augen, fragt mit Höflichkeit, antwortet schnell und bestimmt und gibt die nötige Auskunft so gut er sie weiß, ohne ängstlich nach Worten zu suchen.

F.   In welcher Entfernung begrüßt der Soldat denjenigen, dem er seine Achtung zu erweisen hat?

A.   Wenn er sich ungefähr noch sechs Schritte von ihm befindet.

F.   Hat er gegen seine Vorgesetzten einen der in bürgerlichen Ständen gewöhnlichen Grüße zu sagen?

A.   Nein, die vorgeschriebene Art der Begrüßung durch Abnehmen der Kopfbedeckung oder das Anlegen der linken Hand an den Hut oder die Grenadiermütze und die Beobachtung seiner militärischen Stellung ist alles, was er zu tun hat.

F.   Was hat der Soldat zu tun, wenn er Tabak raucht und bei einem seiner Vorgesetzten oder dieser bei ihm vorüber geht?

A.   Er nimmt die Pfeife aus dem Munde und behält sie in der rechten Hand, bis jener oder er an ihm vorüber ist.

F.   Was hat er zu tun, wenn er sitzend von seinem Vorgesetzten getroffen wird?

A.   Er steht auf, bis dieser vorbei ist.

F.   Was tut der Soldat, wenn er am Fenster steht und einer seiner Vorgesetzten geht vorüber?

A.   Er öffnet das Fenster und nimmt seine gehörige Stellung ein.

F.   Wie verhält er sich, wenn er das Fenster schon offen hat und heraus sieht?

A.   Er zieht den Kopf zurück und bleibt gerade an dem Fenster stehen.

F.   Darf ein Soldat, der einem Offizier auf der Gasse begegnet oder ihn vorbei gehen sieht, denselben anrufen, im Fall er ihm etwas zu sagen hätte?

A.   Außer in einem dringenden Falle nicht, sondern er muss zu ihm ins Haus gehen.

F.   Wenn er nun zu dem Offizier gehen will und dieser sieht zum Fenster heraus, darf er ihm da das sagen, was er an ihn auszurichten hat?

A.   Nein, sonder er geht zu ihm auf das Zimmer; es wäre denn, dass der Offizier in selbst anrufte und nach seinem Anbringen fragte.

F.   Wie verhält sich da der Soldat, wenn er mit einem Offizier auf dessen Stube etwas zu sprechen hat?

A.   Er geht in seinem vorschriftsmäßigen Anzuge zu ihm, tritt ohne vorher anzupochen hinein, nimmt seine gehörige Stellung an und sagt das, was er vorzubringen hat, ohne Furcht, kurz, deutlich und mit lauter Stimme.

F.   Wenn nun der Offizier, zu dem er kommt, eben schreibt oder sonst beschäftigt ist oder mit jemandem der bei ihm ist spricht?

A.   Dann bleibt er innerhalb des Zimmers an der Türe stehen und wartet, bis der Offizier sich ihm zuwendet.

F.   Wie verhält sich der Soldat, wenn er in einem Wirtshause sitzt und es tritt einer seiner Vorgesetzten herein?

A.   Er steht auf, nimmt, im Fall er den Kopf bedeckt hat, den Hut oder die Mütze ab oder legt die linke Hand an die Grenadiermütze, welche er aufsetzen muss, wenn er sie abgelegt hätte, tut die Pfeife aus dem Munde, im Fall er eben rauchen sollte und bleibt solange stehen, bis der Offizier wieder hinausgeht oder ihn setzen und fortrauchen heißt.

F.   Kann im erwähnten Falle der Soldat dem Offizier von dem was er eben vor sich stehen hat oder sich geben lassen wollte, zu trinken anbieten?

A.   Nein, das ist unschicklich.

F.   Wenn ein Soldat nach dem Zapfenstreiche ohne Urlaub zu haben oder sonst bei einer Gelegenheit, wo er glaubt einen Verweis oder Strafe zu verdienen, von einem Offizier getroffen wird, darf er da fortlaufen oder sich sonst vor ihm verstecken?

A.   Nein; dadurch würde er sein Vergehen noch ärger machen.

F.   Wie muss der Soldat außer Dienst gekleidet sein?

A.   Immer reinlich und sobald er sich nicht in Arbeit befindet, in seinem vorschriftsmäßigen Anzuge.

F.   Wenn ein Soldat einen Schubkarren fährt, etwas auf den Schultern oder in beiden Händen trägt: hat er da den ihm begegnenden Vorgesetzten auch zu begrüßen?

A.   Nein; er geht seinen Gang ungestört fort und sieht auf seine Arbeit.

F.   Was hat ein Soldat zu tun, welcher auf Urlaub gehen will?

A.   Er meldet es dem Feldwebel zur weiteren Meldung an den Kapitän.

F.   Was hat er dann zu tun, wenn ihm der gesuchte Urlaub bewilliget wird?

A.   Er gibt seine Armatur an den hierzu bestellten Unteroffizier ab, nimmt seinen Pass in Empfang und zeigt dem Feldwebel seinen Abgang an.

F.   Was beobachtet er, wenn sein Weg ihn durch einen Ort führt, wo Garnison oder ein militärisches Kommando steht?

A.   Er meldet sich mit Vorzeigung seines Passes auf der Hauptwache oder, wo keine Wache gehalten wird, bei dem kommandierenden Offizier oder Unteroffizier.

F.   Was tut er, wenn ihm unter Weges ein militärisches Kommando oder auch ein einzelner Offizier oder Unteroffizier begegnet?

A.   Er meldet sich ebenfalls bei dem, der das Kommando führt oder der ihm begegnet und zeigt seinen Pass vor.

F.   Was hat er zu tun, wenn er an dem Orte seines Urlaubs eintrifft?

A.   Sich auf der Hauptwache oder, wo keine Garnison steht, bei der Ortsobrigkeit zu melden und seinen Pass abzugeben.

F.   Darf der beurlaubte Soldat sich von der gesetzlichen Ordnung des Orts, wo er sich aufhält, ausgenommen und der dortigen Obrigkeit nicht unterworfen glauben?

A.   Nein; er muss sich nach den dort bestehenden Gesetzen und eingeführten Ordnungen richten und sich übrigens so ordentlich und gesittet verhalten, als ob er sich bei seiner Kompanie befände.

F.   Wenn er nun aber von jemandem beleidigt oder von der Ortsobrigkeit ihm etwas zugemutet werden sollte, wozu er mit Recht nicht verbunden zu sein glaubte?

A.   Dann macht er hiervon Anzeige bei seiner Kompanie.

F.   Was hat er Beurlaubte zu tun, wenn er durch Zufall oder vielleicht auch aus eigener

Schuld in einen Exzess u. dergl. verwickelt worden wäre?

A.　　Er muss dies ebenfalls gleich an seine Kompanie melden, damit diese schon unterrichtet ist, im Fall eine Klage deshalb erhoben würde.

F.　　Was für Arbeiten kann der Soldat auf seinem Urlaub verrichten?

A.　　Alle Arten von Arbeiten und Gewerben, insofern die Ausübung letzterer nicht gewissen Zunftgerechtigkeiten entgegensteht. Doch darf der Soldat bei der Arbeit seine Montierungsstücke nicht anziehen und sich mit keinen solchen Arbeiten abgeben, die seiner militärischen und bürgerlichen Ehre nachteilig sein können.

F.　　Wie hat sich der Beurlaubte in seiner Kleidung zu tragen?

A.　　In der Arbeit nach eigenem Belieben, in der Kirche aber und wenn er sich bei der Obrigkeit meldet, desgleichen wenn er an einen Ort geht, wo Garnison liegt, genau nach Vorschrift.

F.　　Was hat der Soldat zu tun, wenn er während seines Urlaubes seinen gewöhnlichen und anfangs bei der Kompanie angegebenen Urlaubsort verändert?

A.　　Er muss seiner Kompanie ohne Aufenthalt Nachricht davon geben.

F.   Was hat er zu tun, wenn er sich nur auf einige Tage an einen benachbarten Ort begeben will?

A.   Er muss es der Ortsobrigkeit anzeigen, damit er zu finden ist, wenn indes eine Ordre an ihn gelangt.

F.   Wie hat er sich zu verhalten, wenn er krank wird?

A.   Er meldet es an seine Kompanie oder, wenn er von dieser zu weit entfernt ist, an den Kommandanten der nächsten Garnison; in dringenden Fällen bedient er sich keiner anderen Hilfe als der eines ordentlichen Arztes oder Chirurgus.

F.   Wie kann der Beurlaubte für den Nutzen seines Kapitäns uns für das Beste der Kompanie, bei welcher er steht, sorgen?

A.   Wenn er sich Mühe gibt, der Kompanie taugbare Rekruten zu verschaffen.

F.   Wodurch kann er dieses bewirken?

A.   Indem er seiner Kompanie die zur Anwerbung fähigen jungen Bursche anzeigt oder dergleichen Leute beredet, sich freiwillig anwerben zu lassen.

F.   Wie kann er eine solche freiwillige Anwerbung vorbereiten und bewerkstelligen?

A.   Wenn er die Vorteile des Soldatenstandes herausstreicht, die guten Eigenschaften seines

Kapitäns und seiner Offiziere bekannt macht und die in der Kompanie herrschende vorzügliche gute Ordnung rühmt, auch die besonderen Gelegenheiten zu benutzen sucht, wo sich eine solche Anwerbung am leichtesten machen lässt.

F.   Darf ein Beurlaubter sich ohne Vorwissen des Regiments als Kläger, Zeuge oder Beklagter vor der Zivil-Obrigkeit stellen?

A.   Nein, sondern, wenn er dazu Veranlassung erhielte oder dergleichen geradezu von ihm verlangt würde, muss er zuvor seiner Kompanie davon Nachricht geben.

F.   Wie hat sich der beurlaubte Soldat zu verhalten, wenn er gewahr würde, dass es in der Gegend seines Aufenthalts Leute gebe, welche sich solcher Verbrechen schuldig machten, die dem allgemeinen Besten und der Sicherheit der Bürger und ihres Eigentums nachteilig sind oder wenn er gar von einer geheimen, dem Staate Gefahr drohenden Verbindung sichere Nachricht erhielte?

A.   In diesem Falle muss er ohne Verzug und in eigener Person seinem Kapitän davon Meldung erstatten.

F.   Hat er sich aber mit der Anzeige einzelner Vergehen abzugeben, welche dem Wohle des Staates und der Bürger nicht unmittelbar Gefahr bringen und ohnehin der Entdeckung und Bestrafung der Ortsobrigkeit unterworfen sind?

A.   Nein; einen solchen Angeben zu machen, steht dem Soldaten nicht zu und ist in einigen Fällen sogar entehrend.

F.   Was hat der Soldat zu tun, wenn er an seinem Urlaubsorte das gehoffte Fortkommen nicht findet und sich durch erlaubte Mittel und Arbeit nicht ernähren kann?

A.   Er begibt sich wieder zu seiner Kompanie, wenn auch seine Urlaubszeit noch nicht zu Ende ist.

F.   Was hat er aber zu tun, wenn er längeren Urlaub haben will?

A: Er muss bei seinem Kapitän in Zeiten darum ansuchen.

F.   Wenn er nun hierauf keine Antwort erhält?

A.   So verfügt er sich mit Ablauf seines ersten Urlaubs zur Kompanie.

F.   Wenn nun der Beurlaubte Ordre erhält, früher bei der Kompanie einzutreffen, als sein Pass besagt?

A.   Dann muss es sich strenge danach richten und sich genau an dem bestimmten Tage früh bei der Kompanie melden.

F.   Oft steht aber in der Ordre, dass der Soldat gleich nach Verlesung derselben abgehen soll?

A.   In diesem Falle muss er sich auch sogleich fertig machen und ohne den allermindesten Aufenthalt abgehen.

F.   Was hat ein Beurlaubter zu tun, wenn er zwar selbst keine Ordre zum Eintreffen bei der Kompanie erhält aber erfährt, dass die übrigen Beurlaubten des Regiments dergleichen empfangen haben oder vielleicht ein in der Nähe liegendes Regiment Ordre zum Marsch bekommen hat?

A.   Er erkundigt sich in der nächsten Garnison, ob das Regiment, bei dem er sich befindet, auch eine dergleichen Ordre erhalten haben möchte und begibt sich in diesem Falle oder wenn er ungewiss ist, ohne Anstand gleich selbst zu seiner Kompanie.

F.   Wenn er nun unter Weges erfährt, dass sein Regiment sich wirklich schon auf dem Marsche befindet?

A.   So sucht er sich darüber und wo es steht, sichere Nachricht zu verschaffen und begibt sich ungesäumt dahin.

F.   Wenn der Soldat in irgend einer Angelegenheit sich nicht zu raten weiß oder Hilfe braucht: an wen hat er sich da zu wenden?

A.   Unmittelbar an seinen Vorgesetzten und wenn er auf Urlaub ist, in Fällen wo es keinen Aufschub duldet, an den Kommandanten der nächsten Garnison oder an einen in seiner Nähe auf Kommando stehenden oder sich vielleicht auf Urlaub befindenden Offizier.

F. Wie hat sich der Soldat gegen die Offiziere und Unteroffiziere von andern Regimentern oder selbst von fremdem Truppen zu betragen?

A. Er hat gegen sie die nämliche Schuldigkeit wie gegen die Offiziere des Regiments bei welchem er steht zu beobachten, insofern seine Dienstverhältnisse dies erlauben.

F. Ist der Soldat bloß seinen unmittelbaren Vorgesetzten Achtung und Höflichkeit schuldig?

A. Nein; er muss auch jeder bürgerlichen Obrigkeit mit Ehrerbietung und anständiger Höflichkeit begegnen, desgleichen allen öffentlichen Beamten und Personen aus den höheren Ständen die ihnen gebührende Achtung erweisen.

F. Wie muss der Soldat mit seinen Kameraden umgehen?

A. Er muss immer eingedenk sein, dass sie die Gefährten seines Berufs und der in demselben möglichen Gefahren sind, sich keines Vorzugs unter ihnen anmaßen, immer freundschaftlich und gefällig mit ihnen umgehen und einem jeden immer das erweisen, was er bei ähnlichen Gelegenheiten auch von ihm zu erhalten wünscht.

F. Wie hat er sich überhaupt gegen alle Leute auch aus anderen Ständen zu betragen?

A. Er muss gegen jedermann bescheiden und höflich, auch immer bereit sein, Andern gefällige Dienste zu erweisen, ohne jedoch vor jemanden zu kriechen oder sich zu Handlungen gebrauchen zu lassen, welche seinen Stand entehren könnten. Sein ganzes Betragen muss zeigen, dass er gesitteter als der ungebildete rohe Haufen ist, aber die Würde seines Standes fühlt.

கு ⁂ ๏

Der Titel des Originals lautet:

„Katechismus für Soldaten. Als ein Leitfaden für Offiziere bei dem Unterrichte des gemeinen Mannes. Von einem königl. sächsischen Offizier. Leipzig 1809"

———

„ ...Um nicht zu ermüden, so darf der Unterricht nicht zu lange auf einmal dauern und es ist zweckmäßig, wenn in einer Stunde nur ein Gegenstand abgehandelt werde, welcher in kurzen faßlichen Sätzen vorzutragen ist. wie sich denn überhaupt eines militärischen leichten Vortrags durchaus zu befleißigen ist, da keine gelehrten Kollegia gelesen werden sollen. Sätze so viel als möglich in Fragen und Antworten zu zergliedern wird besonders bei den zu haltenden Repetitionen nützlich sein... "

Auszug aus dem Entwurf zum Unterricht (Unterhaltungsstunden) der Brigade Steindel von 1810

An Reglements und Instruktionen sind in dieser Reihe bisher erschienen:

No.11 Allgemeine Dienstregeln für die Unterofficiers der Churfürstlich Sächsischen Infanterie vom Jahre 1802

No.17 Unterricht für die Scharfschützen bey der Churfürstlich sächsischen Infanterie vom Jahre 1804 (Reglement)

No.18 Reglement für die Königlich Sächsische leichte Infanterie zu den Uebungen außer der geschlossenen Ordnung vom Jahre 1810

No.24 Sammlung von Instruktionen der königlich sächsischen Armee 1810 – 1813 (Teil I)

No.25 Sammlung von Instruktionen der königlich sächsischen Armee 1810 – 1813 (Teil II)

No.31 Sammlung von Instruktionen der königlich sächsischen Armee 1810 – 1815 (Teil III)

No.38 Reglements für die kurf. Sächs. Artillerie aus den Jahren 1767 und 1777

No.44 Sammlung von Instruktionen der königlich sächsischen Armee 1810 – 1815 (Teil IV)

No.48 Instruktion und Arzneiverzeichnis für die Kompanie-Feldschere

No.53 Sammlung von Instruktionen der königlich sächsischen Armee 1810 – 1815 (Teil V)

Darüber hinaus sind an preußischen Reglements und Instruktionen erschienen:

Instruction für die Cavallerie-Regimenter betreffend die Ordnung und Mannszucht im Felde vom 12.März 1790

Instruktion für die Infanterie-Regimenter und Füsilier-Bataillons betreffend die Mannszucht und Ordnung im Felde vom 12.März 1790

Weitere Informationen unter www.bod.de

ଔ ⁂ ଛ

„ ... *Schließlich ersuche ich alle Herren Offiziers so sich dieses wichtigen Geschäfts unterziehen, sich der Geduld zu befleißigen, um durch freundliches liebreiches Benehmen sich Liebe und Zutrauen zu erwerben. Es muss dahin gebracht werden, dass es jeder für kränkend hält, auf einige Zeit von diesem Unterricht ausgeschlossen zu sein. Entehrende und beleidigende Worte müssen durchaus verkannt werden, sie dürfen nie für ein Mittel gehalten werden, Fleiß, Attention und guten Willen zu erwecken. ... "*

Auszug aus dem Entwurf zum Unterricht (Unterhaltungsstunden) der Brigade Steindel von 1810